CONSIDÉRATIONS

SUR

LE PREMIER DES PROJETS DE LOIS

CONCERNANT

LA LIBERTÉ DE LA PRESSE.

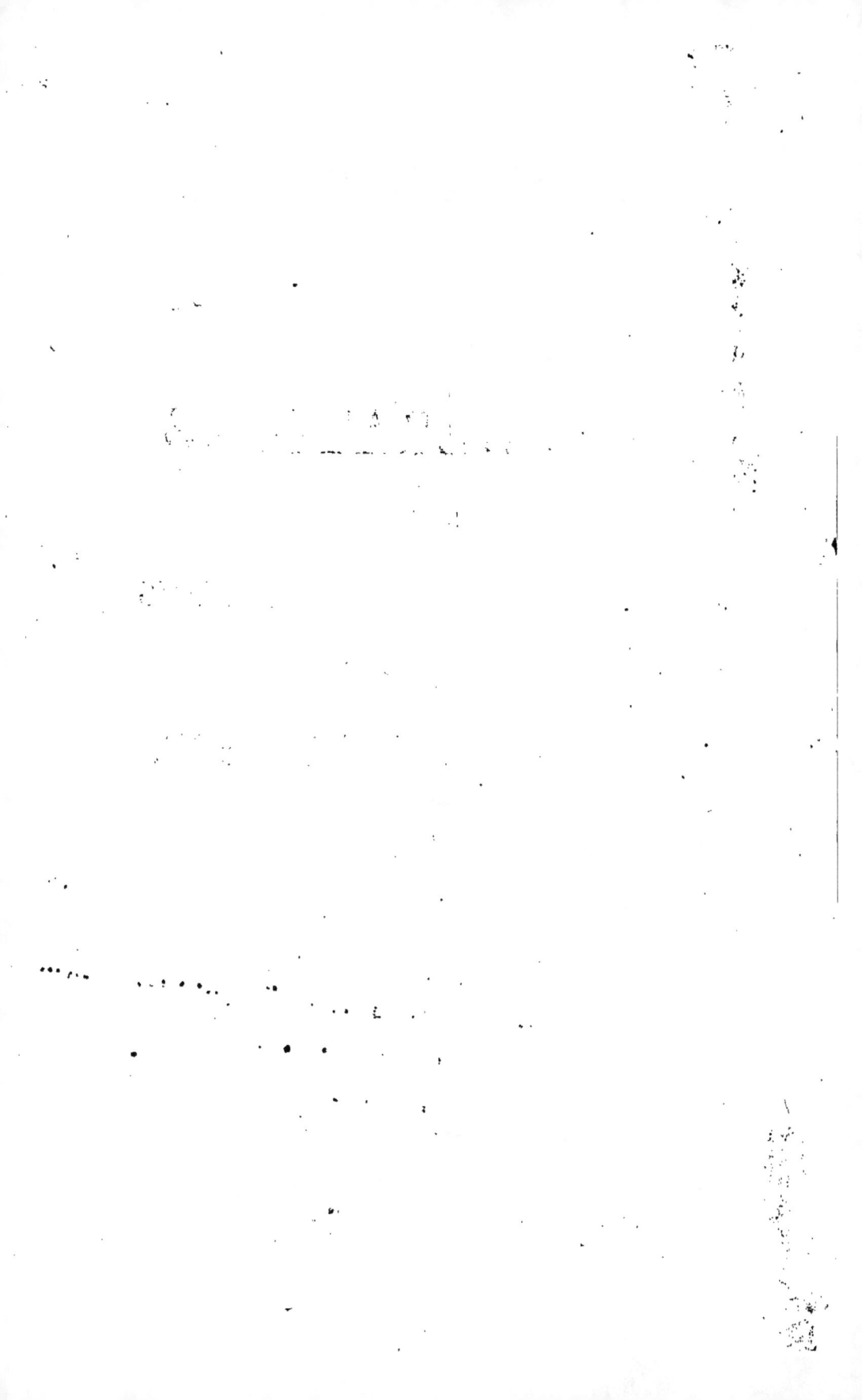

CONSIDÉRATIONS

SUR

LE PREMIER DES PROJETS DE LOIS

CONCERNANT

LA LIBERTÉ DE LA PRESSE.

~~~~~~~~~~~~~~~~~

PARIS,

IMPRIMERIE DE FAIN, PLACE DE L'ODÉON.

1819

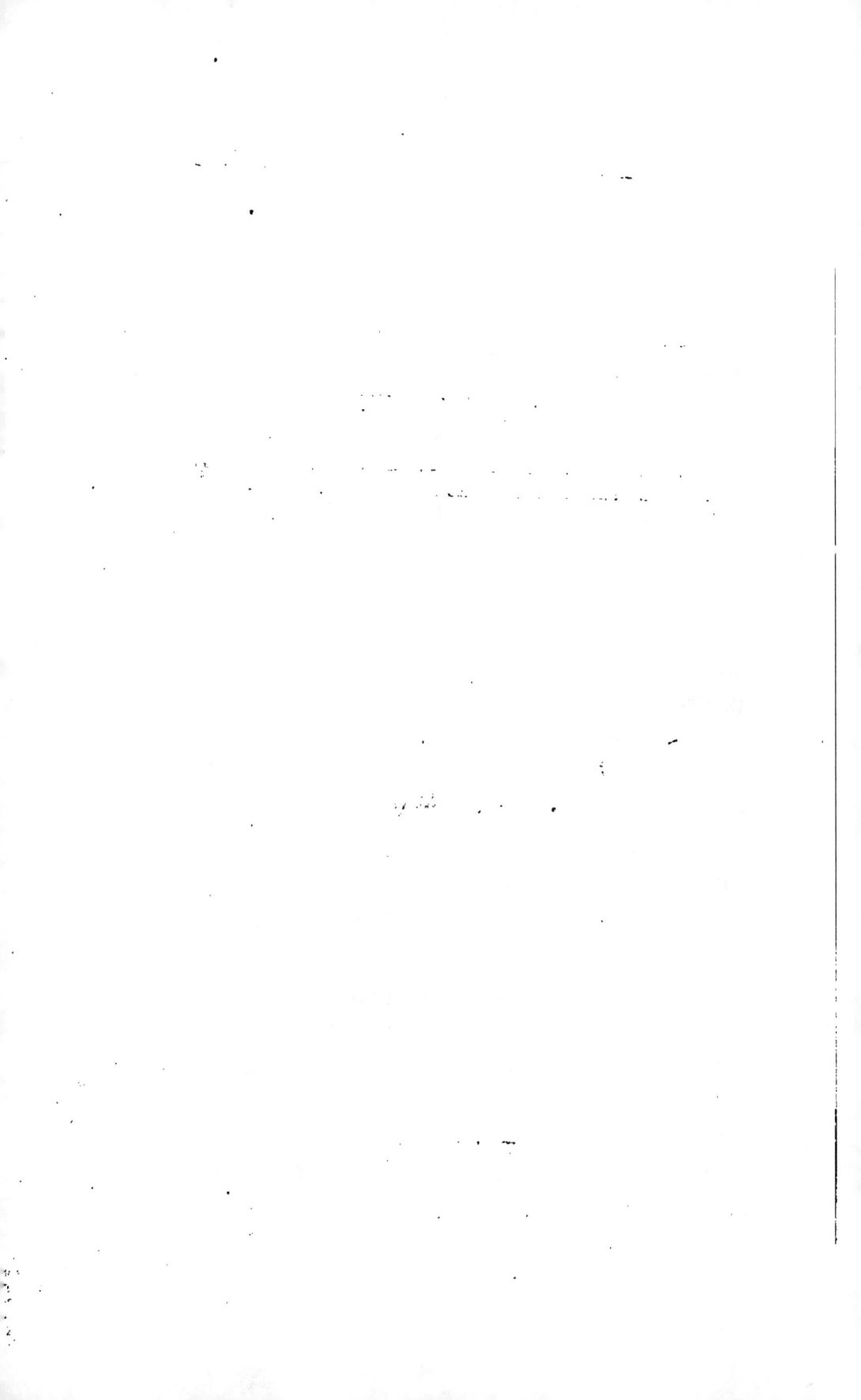

CONSIDÉRATIONS

SUR

LE PREMIER DES PROJETS DE LOIS

CONCERNANT

LA LIBERTÉ DE LA PRESSE.

~~~~~~~~~~~~

Les lois répressives des abus de la liberté de la
presse, annoncées par la charte, vivement ré-
clamées, long-temps attendues, sont le plus im-
portant objet des délibérations des chambres, et
sollicitent leur plus sérieuse attention. Il s'agit
du principe de vie ou de mort de notre état politique, de la paix publique ou de l'éternité des
troubles : il est donc du devoir de tout citoyen
qui croit avoir fait des réflexions utiles sur ce
grave sujet, de les communiquer.

Trois projets de lois sont proposés aux chambres : le premier sur la provocation aux crimes
et délits, la diffamation et l'injure ; le second,
sur la poursuite et le jugement de ces crimes et
délits ; le troisième sur les journaux et écrits pé-
riodiques.

1

6

De ces trois projets, le premier surtout paraît susceptible de sérieuses objections ; principalement sur le système de spécification et de pénalité qu'il adopte, sur l'abolition dans notre législation criminelle du crime de calomnie, et la substitution de l'action pour diffamation à celle de calomnie.

Le système de spécification et de pénalité consiste à poser en principe, *qu'il n'y a point de délit particulier à l'abus de la liberté de la presse; qu'elle n'en crée pas de nouveaux; qu'elle n'est qu'un instrument de plus des crimes et délits prévus par le Code pénal;* d'où on tire cette conséquence, *qu'il n'y a pas lieu à instituer, pour la presse, une législation pénale distincte.*

Ce principe étend si loin ses conséquences, qu'on ne saurait l'admettre sans le plus mûr examen.

Est-il vrai que l'abus de la presse n'ait pas des délits qui lui soient particuliers, si la société peut être troublée et l'état compromis par des moyens qui n'appartiennent qu'à cet instrument ?

Est-il vrai que le Code pénal y pourvoie et pour la spécification et pour la pénalité ?

La première réflexion qui se présente, c'est que, s'il en était ainsi, la loi proposée serait tout-à-fait inutile, car le Code pénal prononce à l'égard des crimes et délits qu'il spécifie, sur la provocation à ces crimes , et sur la provocation par écrits imprimés , distribués ou affichés.

Mais la vive réclamation qui n'a point cessé depuis la Charte, sur la nécessité d'une loi ; les efforts que le gouvernement a déjà faits pour remplir l'attente générale , et qui ne l'ont pas satisfaite, indiquent assez que l'opinion générale voit dans la répression de la liberté garantie par la Charte, quelque chose d'essentiellement spécial , à quoi le Code pénal ne pourvoit pas.

Et comment pourrait-on croire que ce Code , qui n'a placé en aucun endroit ni le mot presse, ni l'invocation de la liberté de la presse , sous un régime qui avait un règlement de censure le plus ombrageux et le plus réprimant , ait cependant été fait pour assurer cette liberté , avec une répression en même temps limitée et suffisante de ses abus ?

Pour arriver à reconnaître la spécialité de certains délits de la presse , considérons d'abord la spécialité de cet instrument qui s'exerce sur les matières les plus importantes à l'homme , à la société , à la stabilité des empires ; sur les doctrines politiques , morales et religieuses ; sur les institutions qui touchent de plus près au bonheur de l'homme , à l'ordre et à la paix publique ; de cet instrument qui agit sur les esprits et sur les cœurs, capable d'influencer sur le présent par des effets subits , comme de préparer et de créer l'avenir par une impression lente, et par des effets progressifs ; susceptible ainsi des plus heureux et des plus précieux effets comme des plus funestes, selon qu'il est employé à perfectionner ou à pervertir les hommes ; à enseigner comme à conseiller le bien ou le mal ; à soutenir ou à renverser les constitutions et les trônes.

Quel serait donc alors la conséquence du principe que la liberté de la presse n'est réprimable que sur les provocations à un délit, à un fait précis et actuel ? Ce serait que toute opinion sur quoi que ce fût, et quelle qu'elle fût, ne pourrait-être considérée comme abus de la liberté de la presse, et réprimée.

Cette conséquence, que le discours de présentation ne déduit pas, est évidente. On la trouve établie et développée dans un article sur la liberté de la presse, inséré au n°. 8 des Archives politiques.

Une grave objection s'élève d'abord contre ce système : elle est tirée du texte même de la Charte, qui positivement ne s'est occupée que des opinions, et de la répression des opinions dangereuses, lorsqu'elle dit : « Les Français ont » le droit de publier leurs opinions, en se con— » formant aux lois qui doivent réprimer les abus » de cette liberté. »

Or, l'abus de la liberté de publier des opinions ne peut être que dans la nature de ces opinions, et dans les conséquences de leur publicité, abus que la loi ne peut réprimer sans spécifier cette nature d'opinions ; d'où il suit que c'est à de semblables lois que la Charte en appelle spécialement, et non à la répression aux crimes et délits spécifiés par le Code pénal.

Une autre objection sortirait des dispositions mêmes du projet de loi, comme on le verra tout à l'heure.

On lit aux *Archives politiques* : « Le droit » d'imprimer ne diffère pas du droit de parler : » la presse n'est qu'un moyen de conversa-» tion; » pensée dont la fausseté est palpable : il suffirait à la réfuter de ce mot vulgaire, *verba volant, scripta manent;* mais il faut ajouter que le droit d'imprimer sur la politique, sur les lois, sur les actes du gouvernement, ne pourrait ressembler au droit d'en parler, qu'autant qu'il serait permis d'en parler sur la place publique; et enfin, qu'on ne converse pas avec tout un peuple; et que la conversation, si c'en est une, par le moyen de la presse, ne peut appartenir qu'à cet instrument, ce qui en constitue positivement la spécialité formidable.

« La condition essentielle, continue l'auteur » de l'article, est qu'en aucun cas, les opinions » ne puissent être atteintes : il faut le dire et le » redire, une opinion, quelle qu'elle soit, n'est » point un délit, non que la manifestation n'en

» puisse être dangereuse, toute erreur est dan-
» gereuse, de même que toute vérité est utile ;
» mais parce que ce n'est pas là un danger contre
» lequel il appartienne aux lois et à la force de
» lutter avec justice et succès...... L'erreur est
» une maladie morale qu'il faut guérir et non
» pas punir. »

Ainsi donc l'athéisme et le matérialisme, le
régicide et le gouvernement de fait, autrement
dit, l'usurpation, doctrinalement déduits, et
comme opinion seulement, sans provocation à
chasser Dieu du temple, ou le roi de son trône,
ne pourraient être interdits et réprimés avec raison et justice?

Voilà jusqu'où peut conduire l'absolu des
doctrines.

Heureusement, le projet de loi ne porte pas
la conséquence jusque là, puisqu'il conserve la
nécessité de punir l'attaque contre la successibi-
lité au trône, l'autorité constitutionnelle du roi
et des chambres, êtres intellectuels qu'on ne
peut attaquer qu'en les mettant en question, et
par des opinions contraires.

Mais pour cela, il a fallu laisser fléchir la doc-
trine de fait et s'abandonner aux généralités,
voies insidieuses, dit l'auteur de l'article, et
dont il déclare *qu'il faut enfin sortir.*

Il est donc évident, au contraire, et reconnu
par le projet de loi lui-même, que la manifesta-

tion d'opinions dangereuses qui peuvent égarer les esprits et corrompre les cœurs, ébranler la foi et la fidélité dues aux institutions sur lesquelles reposent l'ordre social et la paix publique, doit être interdite et classée au nombre des abus de la liberté de la presse, et leur publication punie comme un délit : d'où il faut conclure, d'après le projet de loi, contre l'exposé de ses motifs, qu'il y a des délits particuliers à la presse, puisqu'il y a des opinions funestes à la société, auxquelles la presse seule peut donner la publicité qui les rend contagieuses et subversives.

Après cela, n'est-il donc d'opinions dangereuses, funestes à la société, corruptrices des nations, subversives de l'ordre établi, que celles qui attaquent l'état politique et les autorités constituées? N'est-il pas un premier fondement de tout ordre social, un appui nécessaire de toute constitution politique; un besoin de tous les États, reconnu par toutes les nations ; un supplément indispensable aux lois civiles et criminelles? N'est-il pas une loi divine, une foi religieuse qu'impose à l'homme l'impossibilité de concevoir autrement l'univers, et de se concevoir lui - même; qu'impose aux gouvernemens le besoin d'un culte qui entretienne ces sentimens religieux, et la néces-

sité de donner cette foi et ce culte pour sanction
à la morale ?

Les opinions capables de détruire ou d'ébranler cet indispensable appui des institutions humaines, ne doivent-elles pas être réprimées
comme les actions ?

Et, en cela, nous n'entendons pas tel dogme
ou telle communion plutôt que telle autre ; mais
le sentiment religieux d'un Être suprême et d'un
avenir vengeurs et rémunérateurs, commun à
tous les cultes; et le respect de ce sentiment, sur
lequel tout le monde est d'accord.

Cependant, le mot religion ne se lit ni dans
le projet de loi, ni dans le discours de présentation. Ce ne peut être ni oubli ni indifférence.
On croit satisfaire suffisamment à ce qui la con-
cerne par le chapitre intitulé : *Des outrages à la
morale publique et aux bonnes mœurs*, ce qu'il
est trop difficile d'admettre; mais on a donc en
même temps de puissans motifs pour s'abstenir
de désigner nominativement la religion, et aussi
de s'expliquer sur ces motifs, quoiqu'il y ait eu
sur ce point d'assez vives réclamations dans les
deux chambres pendant la dernière session.

Si l'on déclare que la religion est comprise
dans ce chapitre, c'est encore, ainsi que le chapitre lui-même, une confession nécessaire, sans
doute, qu'il y a des abus spéciaux de la liberté
de la presse, qui consistent dans la propagation

de certaines opinions, et des délits qui ne se réduisent pas en actes prévus au Code pénal.

Toutefois, le projet de loi et l'exposé de ses motifs, en rejetant la nécessité d'une loi spéciale pour la presse et d'une législation pénale distincte, s'appuie sur un fait qui n'est pas aussi positif qu'on le suppose ; c'est que le Code pénal contient l'énumération et la définition de tous les actes reconnus nuisibles à la société, et partant punissables.

En voici cependant un indiqué dans l'exposé des motifs, c'est la désobéissance aux lois, et par conséquent la provocation par un écrit imprimé, à cette désobéissance, délit que l'auteur de l'article aux archives politiques dit être prévu par le Code, et qui, dans la vérité, n'y est particulièrement ni puni ni spécifié.

On n'y voit que la rébellion à main armée, les outrages par paroles, et les violences contre les dispositions de l'autorité et de la force publiques, ce qui est toute autre chose que la désobéissance ; or, la provocation à cette désobéissance est évidemment un délit grave, qu'on ne peut omettre de spécifier et de réprimer ; telle serait la provocation à ne pas acquitter les contributions, à ne pas observer les lois, à ne pas exécuter des jugemens ou obtempérer aux ordres ou aux injonctions des autorités.

Il est encore un délit spécial de la presse qui

n'est pas prévu au Code pénal, et que ne spécifie pas non plus le projet de loi; c'est l'annonce et la publication de fausses nouvelles et de faux bruits méchamment répandus, de nature à compromettre la sûreté et la tranquillité publiques; tels que de faux bruits et des nouvelles alarmantes sur les subsistances, sur le crédit et le payement de la dette publique, sur les projets et les actes du gouvernement, sur la paix intérieure et extérieure, etc.

A moins de nier la possibilité de ce délit, et la gravité des conséquences, comment en négliger la spécification et la répression, surtout si l'on n'a pas un journal officiel, privilégié pour les premières annonces des nouvelles politiques étrangères, de celles de l'administration intérieure et des actes du gouvernement.

Le projet de loi s'occupe de la répression des outrages à la morale publique et aux bonnes mœurs dans le chapitre 3, composé d'un article unique qui, sauf l'addition des mots *à la morale publique*, n'est autre que l'article 287 du Code pénal, lequel porte :

« Toute exposition ou distribution de chan-
» sons, pamphlets, figures ou images contraires
» aux bonnes mœurs, sera puni d'une amende de
» 16 francs à 500 francs, d'un emprisonnement
» d'un mois à un an, et de la confiscation du
» pamphlet et des exemplaires imprimés ou gra-

» vés, des chansons , figures ou autres objets du
» délit. »

C'est sous cette désignation de la morale publique, que sans doute on entend comprendre
les croyances religieuses dont le respect commun
à tous les cultes est un besoin pour tous les hommes et pour tous les gouvernemens.

Mais , pourquoi envelopper cette intention
dans cette expression vague, dont l'acception
détournée n'offre et ne commande rien de positif? N'est-ce pas ouvrir la voie à tous les inconvéniens qu'on voudrait éviter ?

Que faut-il entendre par la morale publique ?
à quoi faut-il restreindre ou jusqu'où faut-il éten-
dre cette dénomination ? S'il y a une morale publique distincte de la morale privée , il est nécessaire de la caractériser.

La morale est la règle des mœurs ; les mœurs
sont la manière d'agir et de se conduire ; rien
ne diffère davantage sur toute la terre : chaque na-
tion, chaque famille, chaque homme a ses mœurs.

La religion est une croyance, qui fait des bonnes mœurs une obligation , et qui a sa sanction
dans des peines ou des récompenses qui n'appartiennent qu'à elle.

Tous les cultes ont dans l'existence d'un Dieu,
dans la crainte ou l'espérance d'une vie future,
dans ses peines et ses récompenses, une croyance

commune, qui est la religion du genre humain.

C'est cette croyance, c'est cette sanction dont les institutions humaines ne peuvent se passer, et que la police des états a besoin d'appeler à son aide ; c'est ce qu'il importe de professer clairement et sans détour, et cela n'est pas difficile. Punissez ceux qui professent hautement l'athéisme, le matérialisme et l'impiété, qui insultent au sacerdoce, comme vous punissez ceux qui attaquent la légitimité, les autorités constitutionnelles et les droits garantis par la Charte ; punissez également ceux qui provoquent à l'intolérance.

Punissez-les alors autrement que par des amendes qui peuvent n'être que de 16 francs, et des emprisonnemens qu'on serait maître de n'arbitrer qu'à un mois.

Quelle raison en effet d'être pour l'un plus mystérieux et moins soigneux que pour l'autre ? C'est l'intérêt du roi, c'est l'intérêt de la Charte, c'est celui de la morale publique et de toutes les institutions civiles, qu'il y ait une répression formelle des attaques portées à ces croyances qui sont la première garantie de l'ordre social.

Et n'en doutons pas, la négligence ou l'indécision sur un intérêt qui ne saurait échapper à l'opinion publique, annulerait la répression qu'on voudrait déguiser, et discréditerait la disposition qui aurait l'air de l'éluder.

Le chapitre IV de la diffamation et de l'injure publiques, fournit matière à des observations non moins sérieuses que les précédentes, principalement sur l'innovation extraordinaire autant qu'imprévue qu'il présente en rayant de notre Code pénal le chapitre entier de la calomnie, sa définition, sa répression, pour y suppléer par celui où la diffamation est mise à la place.

Le motif qui a déterminé cette substitution, ainsi que l'expose le discours de présentation est que « Le terme de calomnie emporte avec soi
» l'idée de la fausseté des faits imputés ; qu'une
» publication n'est calomnieuse que lorsque les
» faits qu'elle contient sont faux ; que cependant
» tous les législateurs ont senti qu'il était impos-
» sible d'autoriser tout individu à publier, sur le
» compte d'un autre, des faits dont la publica-
» tion causerait à ce dernier un dommage réel,
» fussent-ils vrais.

» Que, pour remédier à cet inconvénient, ils
» ont attribué au mot calomnie un sens légal,
» autre que son sens naturel et vulgaire, en dé-
» clarant que quiconque ne pourrait fournir par
» acte authentique la preuve légale des faits par
» lui attribués à autrui, serait réputé calomnia-
» teur, mais que, comme en attribuant aux mots
» un certain sens, on ne change pas celui qu'ils

» ont réellement dans le langage, il est souvent
» résulté de là entre la loi et l'opinion, entre le
» droit et le fait une discordance fâcheuse que
» la substitution fait disparaître, du moins en
» partie, la diffamation n'impliquant pas néces-
» sairement la fausseté des faits, mais dénotant
» seulement l'intention de nuire, et le dommage
» causé; en sorte que, d'après la loi proposée, une
» publication qu'il y aurait une sorte de contre-
» sens à déclarer calomnieuse, pourra fort bien
» et très-justement être condamnée comme dif-
» famation. »

\ C'est beaucoup entreprendre, sans doute, que
de contredire sur un pareil sujet tous les législateurs.

On a peine à reconnaître un motif bien clair
dans *cette discordance fâcheuse* et *cette sorte de
contre-sens* qui motivent un si notable change-
ment, et dont une plus nette explication eût été
nécessaire; et à voir un avantage bien grand dans
le résultat qu'on espère et qui se présente encore
comme aussi problématique.

Au reste, en le supposant plus assuré, à quoi
arrive-t-on, et qu'obtient-on ? Si l'on évite de
punir comme fausse une imputation qui peut être
vraie, quoique l'auteur soit dans l'impuissance
d'en administrer la preuve, on n'obtient à titre
de diffamation que la chance, sans aucun fruit,
de punir la calomnie sans le savoir, c'est-à-dire,

bien plutôt, de la laisser impunie ; puisqu'on ne peut la punir sans la connaître, la connaître sans la spécifier, et la spécifier qu'en l'appelant par son nom ; car, pour l'atteindre sous le titre de diffamation, il faudrait au moins distinguer la diffamation calomnieuse de la diffamation simple, ce que ne fait pas le projet de loi ; observant d'ailleurs que l'objet de la pénalité n'est pas tant de faire souffrir le coupable que de réprimer le crime par l'exemple.

Si l'on objecte que la preuve de la fausseté des imputations peut être acquise par des preuves négatives que le plaignant fournirait lui-même, auquel cas on élèverait la peine en raison de la fausseté ; on répondra que la même chose arrive par l'action directe en calomnie, avec cette différence, que la peine étant par la loi appliquée à la calomnie, il y en a répression positive et intentionnelle, qui remplit l'objet de la pénalité ; tandis qu'en poursuivant seulement la diffamation, c'est accidentellement qu'on atteint la calomnie, et c'est aussi arbitrairement qu'imparfaitement qu'on la punit.

Mais quoi ! déjà si légèrement traitée, si imparfaitement réprimée par le Code, la calomnie, ce détestable fléau de la société, source de tant et de si grands dommages, capable de s'élever au plus haut degré du crime, disparaît du livre des vengeances ! dissimulée sous l'indéfini d'une vague et indirecte dénomination, elle échappe à la flétrissure comme au châtiment, et semble, avec son nom, perdre l'horreur qu'elle inspire.

Les grandes nations dont la civilisation et les lois ont été l'exemple et les instituteurs des peuples, ont déclaré la calomnie infâme; l'ont punie de la juste peine du talion; ont marqué les calomniateurs du fer chaud; législation qui ne s'est perdue que sous la tyrannie à qui la délation était nécessaire, et dans la rébellion, à qui elle était utile.

Les arrêts des parlemens de France offrent de nombreux exemples de calomniateurs condamnés à des peines capitales du bannissement, du carcan, même aux galères et à la mort, selon l'atrocité et les conséquences des imputations.

Aujourd'hui, le calomniateur le plus atroce, alors même que la calomnie serait démontrée, le dénonciateur convaincu de l'intention de nuire et de conduire, s'il l'avait pu, sa victime au supplice, ne sont condamnés qu'à des peines de police correctionnelle.

Mais quelle n'est pas l'influence de la législation sur les mœurs! Par l'affaiblissement de la vindicte contre la calomnie, la délation est enhardie; l'honneur moins évalué, la réputation moins protégée, perdent de leur prix.

Maintenant, de la proposition de supprimer du Code pénal jusqu'à la spécification de la ca-

lomnie et l'application directe de la peine, pour
ne l'atteindre, si l'on peut, que sous le nom et
le caractère de diffamation, il suit que l'imputation de faits faux démontrée telle, si atroce
qu'elle soit, ne sera pas plus signalée à l'opinion
et à la justice, que l'imputation diffamatoire
des faits les mieux vérifiés ; et que l'appréciation
étant laissée à l'arbitrage du juge, la peine de
la médisance pourra se trouver portée, par tels
juges et dans telle affaire, aussi haut que celle
de la calomnie par tel autre juge, ou dans telle
autre affaire.

Mais, remarquons d'autres difficultés ; et d'a-
bord, une contrariété et un embarras. Tout le
paragraphe du Code sur la calomnie serait aboli,
excepté l'article 375, qui porte : « Quiconque
» aura fait par écrit une dénonciation calom-
» nieuse, etc. » L'article 358 du Code d'instruction porte d'ailleurs : « L'accusé acquitté pourra
» obtenir des dommages-intérêts contre son dé-
» nonciateur *pour fait de calomnie*. »

Or, au moyen de la suppression des dispositions qui spécifiaient et qualifiaient la calomnie,
elle reste sans définition et sans application lé-
gales ; et cependant, comme elle se retrouve
signalée dans d'autres articles qui subsiste-
raient, il faudra nécessairement l'entendre dans
le sens du Code, dont les dispositions conser-
vées étaient relatives à celles qu'on supprime ;

et il faudra l'entendre ainsi, non-seulement
dans l'application aux articles 373 du Code pénal
et 358 du Code d'instruction, mais aussi, lorsque dans l'application de la loi nouvelle, on
rencontrera la calomnie dans la diffamation,
comme il arrivera notamment dans l'application
des articles 6, 20, 21, 22 et 25 du projet de
loi sur la poursuite et le jugement de la diffamation ; car on ne pourra pas avoir deux ma-
nières de définir et de juger la calomnie. Dès-
lors, inutilement on aura opéré la suppression
des articles du Code pénal dont le projet de loi
propose l'abolition, et l'on aura substitué la
diffamation seule dans la loi nouvelle : il n'en
sera résulté que plus d'inconvéniens et de difficultés.

Si les inconvéniens de l'innovation proposée
par le projet de loi et les difficultés qu'il intro-
duirait sont démontrés, quelle est l'importance
où est la réalité des motifs de s'y déterminer?

On suppose à tort, ce nous semble, que le
Code attribue au mot *calomnie* un sens légal
autre que son sens naturel et vulgaire, parce
qu'il déclare qu'est réputée fausse toute imputation à l'appui de laquelle on ne produira pas un
jugement ou un acte authentique.

Il ne faut pas confondre le sens du mot avec
la preuve du fait et la nature de cette preuve.

Puisqu'à défaut de la preuve autorisée, le fait

est réputé faux , on n'a donc rien prétendu chan-
ger au sens du mot calomnie, qui est l'imputation
d'un fait faux.

On le répute faux à défaut de ce genre de
preuve, quoiqu'il puisse être vrai. C'est une nécessité de droit que l'admission des présomp-
tions; la législation civile ne peut s'en passer ;
elles ont leur nécessité et leur justice dans la
morale même , comme elles ont leur fondement
dans la logique.

La législation civile en admet beaucoup qui
font preuve, et il en est contre lesquelles la
preuve contraire n'est pas admise. La justice
des jugemens souverains et définitifs n'est elle-
même qu'une présomption. *Res judicata pro
veritate habetur.*

Le Code, en admettant l'accusé de calomnie
à justifier son imputation par un jugement ou
un acte authentique, et réputant le fait faux à
défaut de cette nature de preuves, peut avoir
été trop loin, et avoir ouvert un moyen de
multiplier et d'accroître les scandales , en cher-
chant à préciser l'action, à en rendre les élé-
mens plus juridiques, et à procurer une justice
plus exacte : le législateur a cru concilier les
maximes du droit : *Infamans nocentem non
tenetur actione*, avec celle *veritas convicii non
excusat.*

Mais il faut observer que celui qui intente l'ac-

tion de calomnie, est toujours recevable à prou-
ver la fausseté des faits à lui imputés, et que la
preuve est pour lui possible par faits, pièces et
témoignages contraires. S'il se veut engager
dans cette preuve pour obtenir une plus grande
réparation, c'est son affaire. Alors aussi, il ouvre
à son adversaire la voie à soutenir son imputation en débattant les preuves de calomnie qui
lui sont opposées.

Cette marche, qui était celle de l'ancienne ju-
risprudence, était préférable à celle du Code,
qui admet le prévenu à offrir la preuve; elle satis-
faisait à tout. Mais, autorisant l'accusé de calomnie à introduire la preuve, il était nécessaire de
déterminer celle qui serait recevable, c'est-à-
dire, celle qui serait pertinente et concluante.
On a pensé qu'elle devait résulter d'un jugement
de condamnation, ou d'un acte authentique,
comme seuls capables de mettre le fait hors de
contestation.

Hors de là, l'imputation devait être tenue
pour fausse, tout autre document n'en faisant
plus preuve suffisante.

Le vice est, comme on voit, d'autoriser l'accusé à introduire la preuve par application de la
maxime, *infamans nocentem actione non tenetur*, au lieu de l'obliger en vertu de celle-ci,
veritas convicii non excusat, à attendre que le
plaignant, se chargeant de la preuve de la faus-

seté pour faire aggraver la peine de l'injure, autorise l'accusé, par droit de légitime défense, à faire la preuve contraire.

Quel que soit au surplus le reproche à faire au Code, justifierait-il le remède qu'on propose d'y apporter? C'est ce qu'on peut juger par tout ce qui précède.

L'article 9 du projet de loi donne la définition de la diffamation et de l'injure. Celle de la diffamation n'est pas complète; car il n'y a diffamation que par la publicité, ce qui n'est pas exprimé dans l'article. Une allégation ou imputation faite à la personne même ou sur son compte à un tiers, confidentiellement, par lettre missive ou autrement, n'est pas diffamation; la définition du mot *diffamer*, c'est perdre quelqu'un de réputation; la réputation est l'opinion publique sur les personnes.

L'article 10, à la vérité, en se référant à l'article 1er. se rattache à la publicité; mais l'omission de ce caractère dans la définition en l'art. 9, donnerait lieu à supposer qu'il peut y avoir diffamation d'autre manière que par les moyens rappelés en l'art. 10.

L'art. 21 contient une contradiction qu'il est indispensable de réformer. Le premier paragraphe porte :

« Ne donneront lieu à aucune action en diffa-

» mation ou injure les discours prononcés ou les
» écrits produits devant les tribunaux : pourront
» néanmoins les juges saisis de la cause, en sta-
» tuant sur le fond , prononcer la suppression
» des écrits injurieux ou diffamatoires, et con-
» damner qui il appartiendra aux dommages et
» intérêts. »

Puis le dernier paragraphe dit :

« Pourront toutefois les faits diffamatoires *non*
» *pertinens et étrangers à la cause*, donner ou-
» verture, soit à l'action publique, soit à l'ac-
» tion civile des tiers. »

Comme il n'y a jamais que les faits non pertinens et étrangers à la cause qui soient suscep-
tibles de ce reproche et qui puissent donner lieu,
soit à la suppression et aux dommages-intérêts
par les juges saisis de la cause , soit à l'action
directe et principale, il y a contradiction à sta-
tuer qu'il n'y aura pas et qu'il y aura action.

Aussi l'article 377 du Code, que le projet supprime pour y substituer celui-ci , n'a-t-il pas de
disposition semblable.

Il dit que, « si les injures ou écrits injurieux
» portent le caractère de calomnie grave , et que
» les juges saisis de la contestation ne puissent
» connaître du délit, ils ne pourront prononcer
» contre les prévenus qu'une suspension provi-
» soire de leurs fonctions, et les renverront

» pour le jugement du délit devant les juges
» compétens. »

Cette disposition de compétence attachée au
caractère de calomnie est, comme on voit, toute
différente de celle que le projet substitue, et
n'a rien de contradictoire avec ce qui précède.

Il est toutefois utile d'observer que ce n'est
pas lorsqu'on veut fonder la liberté politique
qu'il faut compromettre toutes les libertés à la
fois dans la plus sacrée de toutes, qui est celle
de la défense judiciaire. Le pouvoir attribué à
tout juge, sans distinction de suspendre les
avocats de leurs fonctions, compromet trop fa-
cilement la liberté de leur ministère.

Il n'appartenait, sous l'ancien ordre, qu'aux
parlemens qui, recevant et immatriculant seuls
les avocats, avaient seuls l'autorité de prononcer sur leur état, ce qu'ils ne faisaient encore
qu'après les avoir renvoyés d'abord à la disci-
pline de leur corps.

Que les tribunaux, quels qu'ils soient, sup-
priment les mémoires ou plaidoyers imprimés;
qu'ils fassent des injonctions, cela est de droit,
le jugement des défenses faisant partie de la cause;
et tout juge ayant autorité pour rappeler à l'ordre ceux qui parlent devant lui, et pour faire
respecter son tribunal. Mais la suspension, comme
la suppression de l'exercice des fonctions, sortent

de la cause et du tribunal, et ne doivent appartenir qu'aux cours souveraines, quelque part que
le scandale ait eu lieu, en y observant tout ce
qu'exige de circonspection l'atteinte portée à un
ministère dont la servitude serait une oppression
générale.

FIN.

www.ingramcontent.com/pod-product-compliance
Lightning Source LLC
Chambersburg PA
CBHW070735210326
41520CB00016B/4461